esta que no soy yo
montcarver

Porque dentro de nosotros existe una persona que hemos dejado de ser.

Sobras

Siempre me queda
sólo este cuaderno
con palabras
que se escurren
desde mi cabeza
hasta mis pies.
Siempre se me esfuma
la sonrisa
cuando más debería tenerla.
Los sentimientos
los tengo de sobra
y nunca te dije
que estaba loca.

Fantasma

No quiero
que seas
intangible
porque nunca
había tenido
tantas ganas
de tocar a alguien
como a ti.

Ausencia

Me puse bonita
para él
y no vino,
¿cuándo
me pondré
bonita para mí?

Inútil

¿Para qué
sacrificamos
tanto
por personas
que nos dañan?

Se x u a l

A veces
sólo me siento
un objeto sexual
para el mundo.
A veces dejo
de ser
persona.

Desventajas

¡Cuánto te echo de menos!
¿Cuánta falta me harás
en el futuro?
¿cómo voy a lidiar
con la idea
de jamás volver a verte?
¿cómo le haces
para olvidar?
Dime,
porque yo
aún
te tengo
tan
clavado.

Cambios de perspectiva

Ya no me dueles,
me preocupas.

Agosto

Ya no me importó el ser
(a la mitad)
tuya.
Hoy me prometo,
—aunque
no soy nada buena
con las promesas—,
el ser sólo tuya,
de nadie más.
Y cuando esté
en otros brazos
les llamaré por tu nombre
y no me importará
el ya no vernos,
seguiré siendo de ti.
Mi ser seguirá perteneciéndote
y no me importará
que se sigan riendo de mí.
Que fue difícil ignorarte
cuando lo único que quería
era acariciar tu piel,
rozar tus labios,
que no me amas,
—ya lo sé—,
pero me empeño
en ir a dondequiera

que tú estés,
aún cuando me aborrezcas.
Sé que estoy donde me odias,
y tú estás,
—cuando cierro los ojos—,
con otra mujer distinta,
que no es a mí
a quien has deseado,
que hice mal en decirte
porque conmigo has jugado,
que los ignoro
(y me ignoro)
para saber de ti,
que no te busco directamente,
porque está mal,
que accedí a ti,
y quiero irme
a cualquier lugar
que me abra los ojos
y pueda ver
a alguien
que no sea tú.

Placeres

Y es una terrible confesión,
tal vez la peor de todas.
Eres eso que no está bien,
eres el "no"
de los que me rodean,
eres la mala decisión
que no me pesa tomar,
eres todo lo que no es bueno para mí,
a fin de cuentas
eres el único
que me saca una sonrisa
el que pronuncia mi nombre
y el corazón estalla.
Aún cuando sienta
que ya no me quieres
porque ya no me llamas
por ese apodo
que inventaste para mí.
Ya todo lo gasté,
ya no tengo nada,
ni siquiera quiero tenerte ya.
Que me olvidarás
y yo seguiré diciendo tu nombre
encantada de ver a los demás
enojados.

Cambios

Desearía que todos mis "adioses"
fuesen "hasta luego".

Cansancio

Bosquejos de pensamientos
que se tornan patéticos al amanecer.
(Bien dicen que lo que uno piensa en la noche,
se vuelve tan distinto en la mañana).
Si escribir no cansara la mano,
escribiría infinitamente.

Botellas

Embotellar sentimientos
porque se cree
que algún día
nos podemos vaciar.

Libertad

Cierro los ojos,
sigo viendo esa luz
que parece sumamente desconocida.
¿Por qué exigimos cosas
que los demás no pueden
o sencillamente
no quieren darnos?
Nadie debe algo,
todos estamos en plena libertad
de elegir lo que deseamos,
pero es tan complicado
aceptar
que los demás
tienen la misma libertad.
Cierro los ojos
y la luz aparece de nuevo
dejándome aún más confusa.
Tal vez ya es hora.

Llegará el día

Pero un buen día te vas a enamorar
y verás que todo lo que una vez creíste saber
se puede olvidar fácilmente
por un cuerpo,
por una cara,
por un ser.

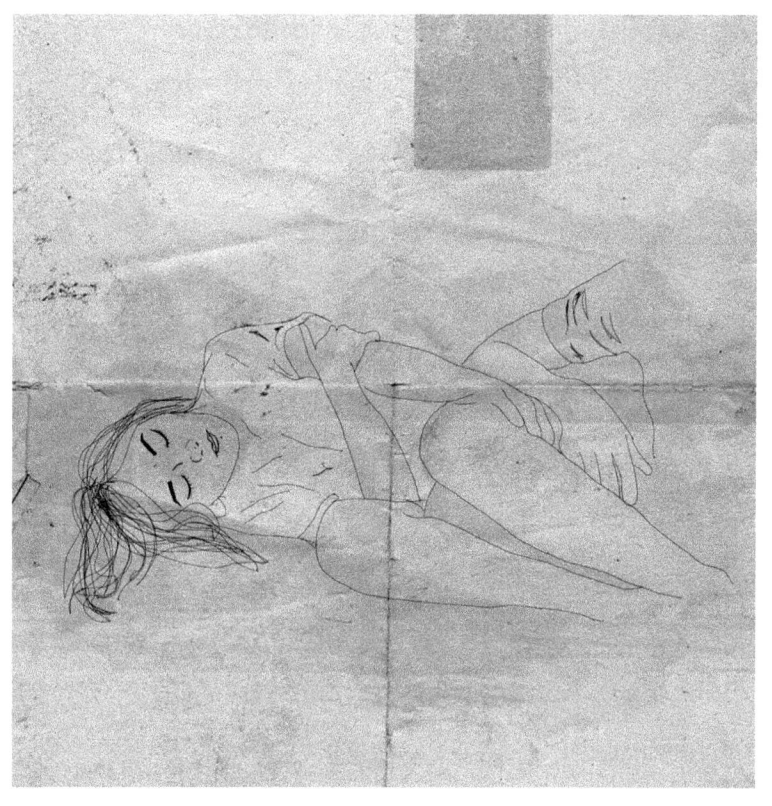

Siempre fuiste tú

Sientes la necesidad de decir estupideces
mientras ven la ventana
esperando a que un fantasma venga
y se los lleve juntos.
Dejas que se acerque a tu cuerpo,
y se acueste sobre ti
¿eso es confianza?
Ella apenas si confía en sí misma
y ya dejó que la tocaras
como si fuese cualquiera.
Ella no se siente como una más,
pero sabe que no es la especial,
no te reclama que no sean algo más,
sólo piensa en besarte
aunque te diga que hay alguien más...
No te molestas
porque crees que siempre estará.
Ella quiere decirte que es tuya
que todo lo de ella es tuyo,
que tomes lo que desees.
Se miran,
ella se tapa la cara
 y tú piensas
que es porque se siente torpe
pero seguro no sabes que eres su debilidad,
que estás y quiere arrancarte la camisa

pero se detiene porque le importas,
importa más lo que tienen ahora
que lo que podría ser,
porque lo que tienen ahora es algo sólido
y ella no quiere perder las esperanzas.
Eso no hacen los amigos,
no se besan,
no se tocan,
no se desean...
pero ella estaba enamorada de ti,
ella te amaba como a nadie,
los demás eran sólo caprichos
y tú,
ella creía que tú también lo eras.
(Pero uno podría decir
al ver sus ojos
que eras tú).

La mentira más bonita

Para mí,
cualquier forma de arte
sabe cómo destruirte y revivirte.
Tiene sus secretos
y a uno se le olvida
que consideran al arte una mentira más.
(Pero qué mentira tan especial,
que te llena de sentimientos).
El arte como una ilusión intercesora
en la vida de quienes lloran
porque creen haber visto algo hermoso,
que entienden por tal mentira
una verdad que va a definir
el curso de su vida.

Mi otro yo

Siento tanto el no ser
lo que los demás desearían,
pero yo me gusto de alguna manera,
mi yo real se ama a sí misma,
y mi yo-con-los-demás
se lamenta de algunas cosas.
Yo como algo normal no existo.
Sólo consigo escuchar
el sonido de una voz dentro mío,
dice que me acerque,
pero no sé a dónde.

Egoísta

No puedo comprender
lo que pasa
cuando me siento ausente
de esta realidad
que es tan ineficiente a mis placeres,
y lo único que quiero
es estar bien conmigo misma,
y tal vez sea cierto
eso que gritó mi padre
cuando estábamos en el coche
y comencé a llorar sin razón,
estoy segura
que no había razón alguna
para que yo llorara aquel día,
y no podían parar las lágrimas de salir
porque él seguía gritando
que yo no me preocupaba por nadie,
que sólo eran mis problemas
y mi mundo.
¿Dónde quedan los demás?
¿Por qué no me importa?
Sólo recordaba que tal vez
al no ignorar placeres
obtienes resultados no deseados.
Puede que exista el karma
y todo lo que das es equivalente a lo que
recibes

y no llevamos cuenta de lo que recibimos
sino de lo que damos
y ahí comienza el problema de esperar,
de crearse expectativas
y sentarse a ilusionarse
con lo que los demás nos pueden dar.
De verdad creía que me dolían las personas,
pero me duele más mi forma de ser
conmigo.
Quisiera parar de ocultar todo esto,
¿por qué fingir?
Los sentimientos no tienen que intervenir
en la forma en la que veo mi vida,
debería mandar todo a la chingada
y comenzar otro camino,
otra historia.
No ser Luna tonta e ilusa.
Ya debí de haber dejado
a aquella tonta desde hace muchos años.
No la soporto ni un segundo más.

A solas

Empiezo una etapa de mi vida
en la que todo parece confuso
y saberte lejos y yo aquí...
esperando a alguien
o algo que me salve.
¿Puedes venir?
¿te animas a quedarte?
Tus párpados se ven caídos
y las alas de los pájaros
no me ayudan a seguir
porque me faltas
y las olas del mar
no logran despeinarme
como tú lo haces,
—hacías—,
y no me puedo concentrar
en las nubes
porque recuerdo tu lunar,
me acuerdo de cuando lo miraba
y tú sólo te reías
y no hacías más,
no te atrevías nunca a más,
no me mirabas como solías,
pero sabía que me querías.
—Te quiero —te dije
mientras me recargaba en tu hombro

y hablabas sobre tus sueños.
—Yo también —dijiste;
mi corazón sintió un sobresalto
por oírte decir
que también lo hacías.
Pasé mi brazo izquierdo
sobre tu cuerpo
y te abracé.
—Te quiero más —dije.
—Claro que no, yo te quiero más —
peleamos
hasta que no nos dejaron
estar a solas.

Extremos

Yo no sé por qué he de ser así,
que siento en extremo
y de repente el sentimiento
desaparece como ráfaga.
Yo no sé
pero no es normal
el desear hasta querer morir
y al día siguiente
no querer ni pizca de eso

Infancia

Mi problema fue
que me di cuenta
de la crueldad del mundo
a temprana edad
que todos creían que estaba loca.

Espacios

Espacios de letras
que nunca
se me ocurrieron.

Yo

Quisiera ser yo
y dejar mi mundo.
Busco una nueva vida,
estoy completamente mal.
Supongo que intento
amarrarme
a vivir.

Matrimonio

Me casaré con quien ame
mis secretos.

No

A veces
quiero
dejar de
reír.

Hablando de letras.

L.– Seguro te decepcionarás de lo malas que están.
J.– Si vieras las mías... la mayoría las hago ocultando lo que quiero decir. Canciones escondidas entre palabras mal escritas.

Formas

Desearía tener la mente en blanco,
no pensarnos.

Redes sociales.

Pensar en 140 caracteres.

Lo contrario

Dicen que hay cosas "imposibles"
que se pueden lograr
y sé que es cierto
porque siento
que todo es posible.
Pero tú me haces creer
todo lo contrario.

Todo

Me duele ver cómo nos vamos
dejando ir.
Estoy segura
que al final
nada quedará
después de haberlo
tenido todo.

Hace tiempo

Dijiste
que ibas a comenzar tu vida
pero no te diste cuenta
que empezó
hace tiempo.

Pequeña revolución

En tu interior
hay algo más que rebeldía,
eres más que un alma libre
que te creíste
todo este tiempo.

Importancia

Doy lo mejor de mí,
es por eso que me siento desgastada
nadie me está pidiendo nada
¿entonces?
¿por qué me importa tanto?

Entre líneas que soplan

Y si lees entre líneas
no encontrarás nada interesante.
Yo seguiré siendo la misma,
pero viviendo un poco más la vida.
Y esto son sólo palabras,
palabras,
y más palabras.
Palabras que
    s
     e
       v
        a
       n
         c
         a
          y
           e
            n
             d
              o
u
n
p
o
c
o

d
  e
    s
      p
        a
          c
            i
              o

                         pero
                 cayendo.
        (Como si el viento soplara).

Remedios

Pero si el viento sopla y el cielo llora
yo también quiero soplar
y llorar con el cielo.
Otro soplido
otro cigarro
y para el alma
un buen chocolate
con almendras en el centro.

Contigo

Daré lo que recibo
y así va a estar mejor.
Haré planes con el mundo
pero contigo ya no
Contigo ya no
Contigo ya no...

Fuego

Constantemente
me siento como una flama
que está
a punto de
ser apagada.

Contradicciones

Barrer la lluvia.
Sentir las hojas.
Llorar tierra.
Salvarse en fuego.

Otra pequeña historia sin esperanza

La besó
y le dijo que ya llegaría su tiempo
y por primera vez
ella se sentía amada en el mundo,
se sentía única para alguien,
pero al separarse de él
se sintió nada,
se sintió un asco
y jamás se volvieron a ver,
su tiempo jamás llegó...

Visto

Cosas que no me atrevo a decirte...
"Te amo, yo estoy dispuesta a soportar todo por ti.
Pero ¿tú por mí? Necesito saber qué sientes...
porque ya no sé qué hacer".
(No hay respuesta).

De esperarte y no encontrarte

Dijiste que no vendrías
y yo te estuve esperando
todo el día,
te sigo esperando
me puse bonita para ti
pero las lágrimas salieron
y ahora el maquillaje se arruinó.
Lo siento, amor,
por necesitarte así.

Am-arte

Es un arte el amarte
y pasarnos de largo
cuando nos están
mirando,
es como si una parte de mí
muriese
al no poder aventarme
a tus brazos
sin que nadie
me diga algo.

El derecho de tenerte

¡Maldita sea!
¿De qué estarás hecho
que me complace tanto tocarte?
¿Por qué tengo estas irremediables ganas
de que me abraces y ya?

Garabatos

Dos almas esperando a ser amadas
al mismo tiempo
en el mismo lugar
y atreverse a decir *te amo*
sintiendo aún más que eso.

Despistada

Ella sólo pensaba en cosas
que nadie podría imaginarse.

Confesiones

Nunca uso calcetines iguales
hago videodiarios secretos
tengo pensamientos desagradables
tengo diferentes personalidades
creo que la gente es más extraña que yo
si puedo hacer que esto dure para siempre, lo haré
a veces quisiera pedir perdón por haber llorado
frente a ti
quisiera tener un nombre diferente
a veces no sé quién soy
siempre pierdo lo importante
tengo miedo de perderme
no me gusta estar sola en los supermercados
colecciono cosas que a los demás le parecerían
inútiles
siempre miro hacia atrás
quería morir para saber, –de alguna manera–, si
me querían
no me gusta el café
me gusta ver el techo
me da miedo lo que puede esconder la oscuridad
me cuesta distinguir entre sueños y realidad
quisiera llorar sólo cuando es necesario
no me gusta tener dos casas
amo la palabra déjà vu
me cuesta terminar todo lo que empiezo
amo el bokeh
creo que nunca estaremos juntos.

1:38 am

Algo será mejor que esta nada
que me está comiendo las entrañas
y deja pedazos sin sanar.

Interminable

Si te besara
la misma cantidad de veces
que he llorado,
jamás acabaría.

Mañana

El futuro está esperando
a ser planeado
y yo sólo preocupándome
por vivir el hoy.

Falsedades

Sus ojos negros
indescifrables
que me matan de curiosidad
de saber que no es mentira
que se siente feliz
de estar aquí.

tic tac

Y no sé si corre el tiempo
o yo corro para alcanzarlo.

Imitar

A quien debería parecerme,
aborrezco
y a quien no,
admiro.
No quiero ignorar
mis placeres
porque sólo así
es como me he
atrevido a crear.

Uno

Te amo; una frase sólo para uno.
Una frase tan cliché,
tan violada por el mundo
tan corriente que suele parecer,
pero es una frase para uno.
Amar de mil formas
pero sólo a uno.
Amar,
(besar, abrazar, relacionarse, amarse),
sólo a uno.
Amar,
(contar, sentir, llorar, confiar),
sólo a uno.
Él,
el que tiene una mente tan compleja
que estudio sin querer,
ese que está de pie frente a mí
cuando nadie y cuando todos
están mirando
ese es el ser que amo,
es uno,
es él,
es mi te amo de la vida,
a quien quiero entregarme
sin pedirle
nada (a cambio).

Especial

Tal vez
no me siento única
en el mundo.
Tal vez
es eso.
Tal vez es que quiero
más que esto.

Devorar

Tengo miedo
por lo que sea
que mi corazón
tenga hambre.

De pocas palabras

Todo suele terminar en una caja
con telarañas que llamamos
memorias,
esa caja contiene
pares de zapatos viejos y rotos,
prendas desteñidas
que solían ser nuestras preferidas.
Admito que dejé de escribir
porque a nadie le incumbe lo que pienso.
Dejé de rogarle al mundo
que viera quién soy.
Para ser sincera
jamás entenderé nada
y el no entenderme
conlleva a la perdición,
tal vez a la locura más desagradable
que puede afectar a los que están a mi
alrededor.
Hablo poco porque es mejor,
es más tranquilo.
Hasta una vez,
R.,
tuvo que dar un discurso por mí,
porque lo único que pude decir fue:
soy de pocas palabras
y más bien soy de poco hablar,
de poca voz,

con quien más hablo es
conmigo
y sin tener que abrir mi boca,
sólo abro la mente,
abro un cuaderno y hablo,
hablo,
hablo...
tengo millones de sentimientos,
estos escritos dirán más
de lo que puedo hablar.
No me gusta hablar,
hablar lo arruina todo...
por eso le agrado más a la gente,
porque no hablo,
sólo pocos conocen mi voz.
Pero no escribir me vuelve
un poco más loca,
no hablo y no escribo.
¿Con quién comparto esto?
¿qué clase de ser humano soy?
¿en qué me convierte esto?
Antes no quería,
no deseaba dejar de escribir
y ahora no puedo porque me enoja.
Es como tener la esperanza
de que algún día
alguien
me va a leer.

Sufrir

Aún te amo,
y la distancia me enseñó
todo eso que la gente
evita saber del amor:
que duele.
Sigo guardándome
para ti,
sigo siendo sólo tuya.

Revoltoso

La vida es el mismo círculo vicioso
y da vueltas
y vueltas
una y otra vez
y jamás va a parar.

Callar

Hace mucho que no escribo.
Hoy es mi cumpleaños número diecinueve
y no lo sentí como cumpleaños,
mi padre ni siquiera llamó para felicitar,
ni personas que creía importantes.
Me da un poco de nostalgia
y me siento imbécil.
Hoy...
Hoy es un nuevo año para mí,
hoy empieza otro año más de mi vida.
J. dijo que necesitaba un pastel.
¿Cómo serán los próximos años?
Hoy sigo siendo Luna,
sigo teniendo el nombre que eligieron mis
padres.
Hoy sigo siendo otro ser más sin talento.
Otra más en el mapa sin algo que la haga
especial.
Ya habrá otro día especial,
otro día mejor para recordar que éste.
Ya habrá...
Sh....

Sin destinatario

Me gusta escribir,
es un placer plasmar los sentimientos,
es el mejor de los remedios,
es mejor que cualquier amigo.
Puedes escribir lo que sea
y no hay quien te reclame el no entenderte.
No escribo para alguien,
escribo para sacar,
para aclarar,
para escribir.
Sólo es eso,
escribir.
¿Por qué debería haber razón para todo?
Quisiera que escribir no cansara la mano.

Identidad

¿Y Luna?
¿A dónde fue?
No lo sé,
ya creció,
ya es otra totalmente distinta,
ahora le dicen egoísta,
llorona,
le dicen niña
y en el fondo ella no es así.
Nadie la puede sacar
del trance
en el que está metida ahora.
No ha llegado quien se atreva a pararla
de hacerse daño
porque nadie se da cuenta
que ella no puede parar.
Realmente hay momentos en los que tiene
ataques,
ataques que nadie se ha atrevido a calmar.
Pero Luna,
¿quién es Luna?

Cielo y suelo

Tal vez el cielo y el suelo
se separaron
porque unos quieren volar
y otros quieren caer.
Otros quieren caer.

d i v o r c i o

Pero es de noche
y no me atreveré a llamar,
no quiero llamar a lo que tanto me ha hecho
daño.
Hoy me voy a divorciar de mis padres,
de mis amigos,
del amor,
del ser lo que se espera,
del mundo,
para que lo que llaman esencia
se comience a formar como un verdadero
yo.

...

De repente se me olvida
cómo se escribe,
tal vez por no leer
o por no hablar.
Sea lo que sea,
quiero esbozar una sonrisa
y olvidarme
del efecto que estoy
dejando en el mundo.

Perdida

Hay cosas que representan un triunfo,
como que desperté esta mañana
aunque quería dormir eternamente,
o el que te conteste las llamadas
sabiendo que no es porque dirás algo
especial,
el que tenga que comer
cuando a mi estómago le da igual...
el pájaro en la ventana,
el perro en el patio,
un gato en mis piernas
y yo sigo queriendo desaparecer.
Pero aquí estoy.
Buscando no sé qué cosa.

Perdernos

Tú quisiste perderte
y creo
que también
me perdiste,
(aunque
no te importe).

Por hoy

Y mi mente pide descanso,
pide que la desconecte
porque ya no tiene ganas.
Me rindo por hoy.

Juguete

Cuando más débil me siento
es cuando más me encuentras agradable.
¿Es porque sólo así puedes usarme mejor?

Atrévete

Puedes ser lo que quieras,
pero conmigo no seas un maldito cobarde.

Desaparición

Si nadie dice quererte
llega un punto
en el que comienzas a sentir
que estás dejando de existir.

Búsqueda

Dime tú,
amor,
si los amores son ridículos
y tenemos que andar buscando
quién nos haga escapar
de lo que creemos real.

Injusticia

Nada en ti es feo,
y que alguien te haya
tratado como un objeto
es lo más triste
de mi vida.
Es lo más injusto del mundo.

Autobiografía

Dirección: Casa mamá / Casa papá / Casa mami / Casa hermano.
Edad: indefinida.
Lo que te gusta: Escribir, leer, dibujar, tomar fotografías, editar, pensar, besar, tocar, reír, ver películas, hacer el amor.
Lugar: alguno, (o tal vez ninguno).
Hora: 4:00 PM.
Clima: Frío.
Color: morado, verde azulado, y verde pistache.
Sonido: los llaveros chocando contra el volante del automóvil.
Olor: humedad después de la lluvia.
Sabor: chocolate, pistache, almendras, mango.
Flor: girasol.
Describe el mundo tal como lo ves: ...
Interior: un desastre, me da miedo mostrar quién soy. Ególatra. Jamás sé cuándo parar.
Exterior: ...
Te arrepientes de: sentir tanto y darlo todo. De no saber poner límites.
Estás orgullosa de: dejar ir, de no atarme a las cosas. De saber despegarme de la gente.

Primera confesión

Tengo miedo de dejar de existir.

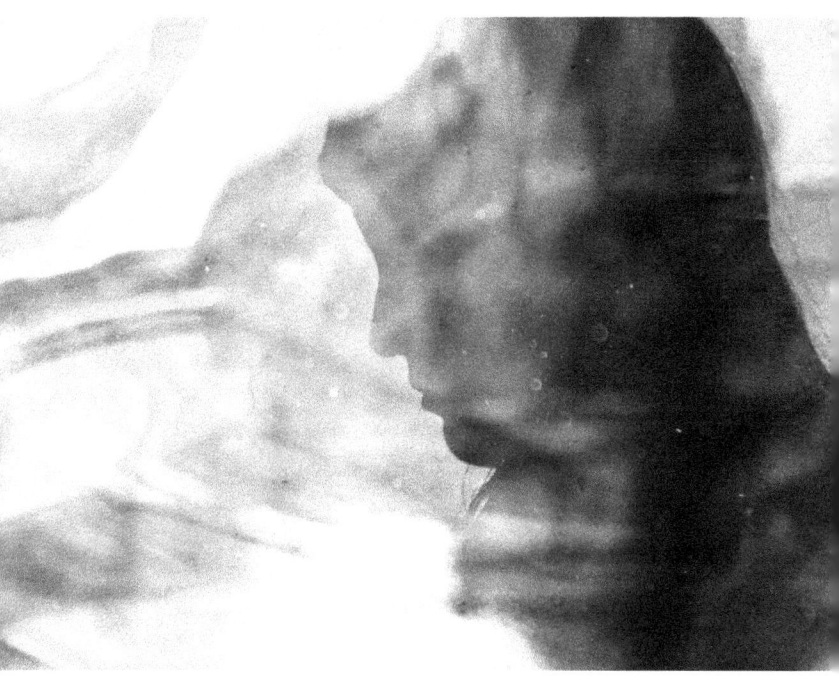

Melancolía

De la felicidad,
¿quién ha hecho
su mejor creación?

Ayuda

Busca soluciones
(levanta la mano si no las tienes y di:
NO TENGO SOLUCIONES).

Masoquista

Voy a dejar
que la felicidad
me golpee.

Ironías

Dices que no tienes la intención de atacar
pero lanzas más fuego que nadie.

El lugar más bonito del mundo

No tengo ni la menor idea de qué voy a
escribir,
tal vez es sólo que quiero hacerlo (sin pensar)
pero
esta vez quiero pensar
antes de decir qué es lo que hay.
Como que
las cosas han salido
como menos lo esperaba últimamente
o
que estoy sola
y me siento sola
(que son cosas distintas)
y que ya no hay quien realmente pregunte por
mí.
Hoy no hay quien me haga sentir
que soy única en el mundo
mas que yo misma.
El estar realmente sola
me ha enseñado tanto.
Quiero profundizar,
decir que ayer un pajarito amarillo
me contó sus miedos,
decir que hay alguien junto a mí
que se está poniendo guapa
para otro alguien
que la gente pasa
y no alcanzo a descubrir

cúal es el propósito de seguir respirando,
que me plantaron
o me dejaron plantada
y no me molestó
porque ya me gusta estar sola
ya no me da tanto miedo
aunque mi madre diga que es peligroso
y más para mí
(me da mucha importancia).
Hoy quisiera ver más allá
de lo que conozco.
Hay personas que no quiero dejar de ver.
Quiero dejar mis vicios,
(el tabaco, el azúcar y el amor)
y comenzaré a cuidarme un poco más.
Aprenderé a quererme
porque ya pocos se atreven a quererse
a sí mismos.
Confiaré,
no sé en qué,
pero quiero confiar.
Elegí seguir viva
porque
quiero vivir.

Cuestionamientos internos

¿Quién es la gente que me rodea
y por qué me siento fuera de ellos?
¿Cómo escupo los sentimientos?
¿eso se aprende?

Cualquiera

Nadie es indispensable.
Cualquiera puede llenar los vacíos,
cualquiera puede quererte,
tal vez es mentira
que exista en el mundo
sólo una persona con la que te entiendes de
verdad.
A veces,
me entiendo en el día con más de una
persona.
Tal vez el amor es otra excusa,
otra tontería,
otra contradicción.
Me siento bien estando sola,
aunque pensé que no podría.
Me estoy conociendo.
Tal vez sólo deberíamos
amarnos
a nosotros
mismos.
Hoy no siento un hueco en el alma.
Mis labios pueden juntarse
con los de cualquiera
y
¿a quién debería
importarle?

Aquí

El lugar más bonito
del mundo
yo creía que era con alguien
pero yo creo
que es aquí.
En mí.

Hueco

¿Por qué a veces me siento tan vacía?
¿Por qué?
Me gusta la vida que me tocó
¿Por qué
aún así
siento
que me falta algo?
Las cosas cambian
como siempre,
más sola,
más triste,
más... ¿yo?
¿Quién seré yo?
No me encuentro.

Escape

Un día las cosas simplemente acaban...
Acaban y tienes que seguir,
pero tú sigues aquí
(hablando de *tú* me refiero a mí)
me daba miedo pensar en ese cambio,
en ese despertar sólo mío,
yo y nada más
¿quién más?
Sola,
sola tengo que estar.
Adiós,
digo adiós.
Adiós porque no me queda
nada más que hacer aquí.
No tengo nada más qué hacer
en esta historia,
hoy camino sola.
No quiero razonar más
algo que
ya sobrepensé.
Un día simplemente
las cosas acaban.
¿Cómo te dejo ir?
¿Cómo te abro la puerta?

Irreal

Creo que somos una gran mentira,
ya no te amo.
Estoy contigo
por pura costumbre.
Ya no me gusta estar contigo.
Creo que eres un vil mentiroso
que sólo busca llamar la atención.
Ya me harté.
Yo me quiero divertir
pero no estoy segura
de que quiera divertirme
contigo.

Deseos

Ojalá supiera yo de estas cosas,
cómo se arreglan los sentimientos,
cómo los guardas en el cajón,
o cómo los tiras a la basura.
Ojalá supiera acomodar las sonrisas,
y vaciar las lágrimas.
Ojalá supiera un poco más de eso...

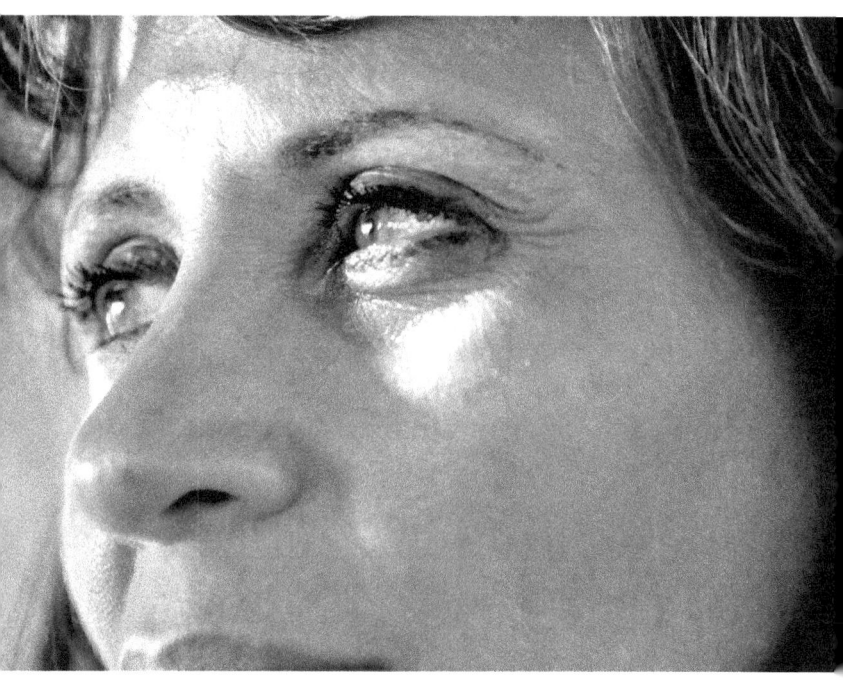

Otra carta que te pertenece

No sé ni por qué estoy haciendo esto,
tal vez porque quiero luchar por ti,
tal vez porque me estoy cegando,
porque te quiero,
porque quiero estar contigo.
Porque te extraño estúpidamente,
ridículamente.
Ojalá me fuese fácil aceptar que ya no estás,
que no estarás.
Pero tengo que decirte todo esto,
porque me dijeron en terapia
que tengo que decir todo lo que siento,
que no debo guardármelo
porque me hace más daño,
por eso te hago esto,
por eso te escribo esta carta
y tienes que leerla,
no sé para qué,
pero no tiene sentido escribir cartas
que no serán leídas,
te dices cosas a ti mismo que ya sabes,
que sólo releerás y corregirás la carta
hasta que ya no quede nada
de lo que querías decir
y escribes lo que "deberías" decir
para que no suene "mal".

Estoy triste,
estoy triste porque extrañarte me enoja...
Y es porque yo tendría que haberte dejado
ir
desde hace mucho,
hubo momentos en los que no pensé en ti,
y me sentí culpable
por estar dejándote ir así de fácil,
pero estaba mintiéndome,
y resulta que te quiero todavía.
Que si me pides perdón
y quieres regresar en este momento,
yo te daría un abrazo
y jamás te soltaría,
jamás te dejaría.

Recordarte

Me acuerdo del día
en el que fuimos a ver a Lucho,
¿te acuerdas de Lucho?
Creo que,
ese día,
fue el último día que lo vimos.
Me acuerdo que íbamos bajando
hacia periférico a buscar un taxi,
y antes de encontrarlo me preguntaste:
¿Luna, cada cuánto piensas en mí?
Yo no quería decirte cuánto pensaba en ti,
la respuesta era:
a diario,
a cada momento,
a cada minuto y segundo estabas en mi
mente.
Yo sólo te dije
rara vez.
Tú te sorprendiste,
y yo te pregunté lo mismo,
me dijiste que pensabas en mí a cada rato,
que casi todo te recordaba a mí,
que era impresionante todo lo que pensabas
en mí.
No sé por qué me acordé de esto.
Me acuerdo también,
en séptimo semestre,
después de física

íbamos a comer a la puerta negra,
solos,
porque no te gustaba que nos vieran juntos,
yo no lo entendía,
yo sólo quería gritarle al mundo que te
quería,
(y aún te quiero)
y de camino de regreso a la escuela
me tomabas sorpresivamente,
y me besabas.
El otro día estaba con A.,
y me acordé de que,
cuando acabó lo nuestro
(si lo puedo decir así)
yo no podía aceptarlo,
le dije a A. que me llevara a tu casa,
necesitaba verte,
saber que seguías existiendo en el mundo
aunque en el fondo
sabía que era absurdo ir a buscarte,
ella no quería,
pero me llevó...
te marqué y no contestaste,
tal vez era el destino o alguna casualidad,
alguna señal de que ya había acabado.
Mis manos te extrañan,
y no quiero,
no quiero extrañarte,
lo único que quiero es tenerte frente a mí
y hacerte saber lo mucho que te quiero.

Te quiero,
te quiero,
te quiero.
Desde que ya no estamos juntos
se me ha quitado el miedo a muchas cosas,
antes me daba miedo salir al mundo sí tú no
estabas,
he hecho más cosas.
Tengo muchos planes ahora,
y quisiera contarte todo lo que he hecho,
todo lo que he planeado,
lo que ha surgido,
lo que se ha olvidado.
A veces se me ocurre que
deberíamos hacer una tregua.
De repente me siento derrotada,
no sé siquiera si te importe todo lo que te
digo.
Siempre te he hecho cartas demasiado
largas,
¿no es así?
¿Cómo es que soportabas leerlas?
Todavía te escribo...

Hablando de destino

Si de niños no nos hubiera pasado
cada una de las cosas que nos pasaron
tal vez jamás nos hubiéramos conocido,
tal vez seríamos otros.
¿Te imaginas ser otros niños?

abril

El amor es tan terrible
te vuelve loco
te olvidas de ti mismo.
Si tan sólo no amara,
si pudiese dejar
que el amor se desvaneciera.
No tengo nada qué ofrecer,
sólo a mí misma.
Estoy harta de perdones,
de perdonar.
De que crea que
con un simple beso
o un abrazo
ya se solucionaron las cosas.

Carta de amor para él

Ojalá tu ausencia
no fuese un pesar
que me cambia las mañanas
por un día nublado,
que me cambia lo dulce
por sabores agrios.
Ojalá tu mirada
no fuese tan penetrante
y no imprimiera en mí
tanto deseo de tocarte.
Ojalá tus palabras
no me hicieran tan feliz
como para creer que me amas
sólo a mí.
Ojalá tu tacto
no fuese tan suave
y delicado para mi cuerpo
como para soñar
que a diario te tengo conmigo.
Ojalá tu ternura
no fuese tan grande
como para creer
que eres mi único cómplice.
Ojalá tu espalda
no fuese tan perfecta
como para hacerme creer

que eres el paraíso.
Ojalá tus besos
no fuesen tan placenteros
como para que me distraigan
de lo que hay afuera.
Ojalá no fuese tan tú
como para perderme
en ti.
Pero aún así
haces todo
y nada
para que yo crea
que contigo
es donde debo estar.

amor

Cada vez me siento
más cómoda con mi cuerpo
y eso parece molestarle
al mundo.
Si ellos no saben quererse
¿por qué deciden atacar?

ya no

Me lloran los ojos,
no quiero
pero ellos siguen soltando lágrimas.
Ojalá pudiese controlar
todo mi ser.
Ojalá no tuviera que ceder
ante un amor
que no fue
ni será amor.
No falla el amor,
fallé yo,
falló él,
fallamos nosotros.

distancias

Hoy te vi
de espaldas
cada vez
te hacías más pequeño.
Un ser diminuto
que
revolucionó
mi vida.

urgencias

Lo único
que me jode el pensamiento
es que te adentras cada vez más
cuando yo ya esperaba
que estuvieras afuera.
Quiero verte,
me urge hablarte,
mis manos piden tocarte.
¿Dónde estás?
¿Te habrás ido para siempre?

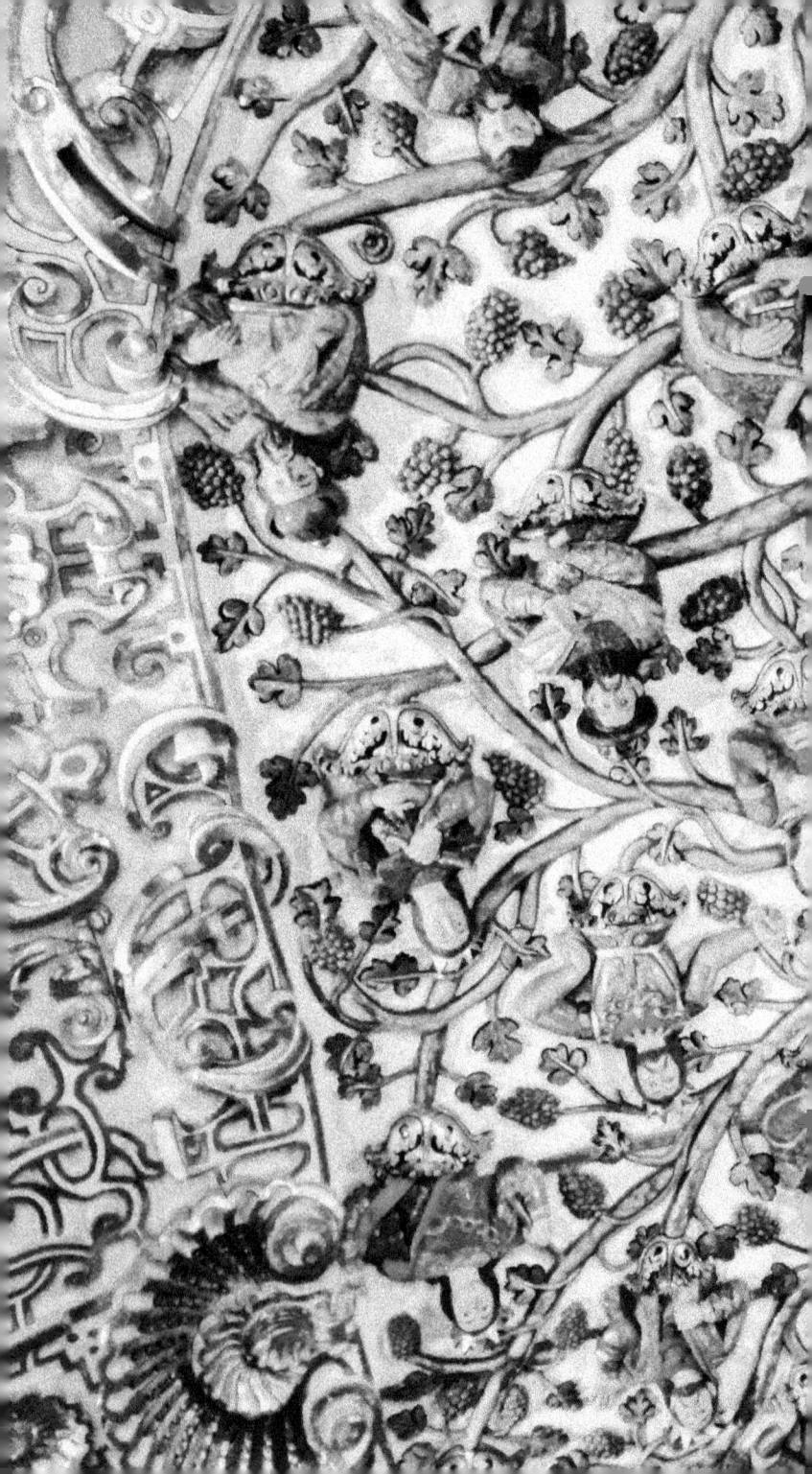

Desesperación

Sabemos que no fuiste, no fui, y no seremos.
¿Qué hacer con el amor que me faltó regalarte?
No soy la excepción, soy la pinche regla.

agosto

Soy una pieza más
en este pedazo de universo.
Entre más me conozco
más perdida me encuentro.
¿Quién soy yo?
Ojalá pueda saberlo algún día.
No quiero posponer mis sueños,
ya no quiero concentrarme
en quienes sólo me utilizan.
Ojalá perdonar
no doliese
como hoy duele.

madurar

A estas alturas
me he dado cuenta
de que a pocos
se les concede
estar con la persona que más aman.

septiembre

Ojalá nuestros demonios
salieran a jugar
con los demonios
de las personas
que más queremos en esta vida.

única

No me gusta quererte sólo yo.

historia

Ayer me dijiste
que no quieres regresar.
Dijiste algo que nunca podré olvidar:
si me quedo contigo
sería más feliz
pero nunca me sentiría
satisfecho,
si me quedo con ella
puede que no sea feliz
pero es lo que quiero
a veces quiero
una tercer opción.
Creo que decido
que no quiero ser opción.
Me retracto, me alejo de ti.
No soy opción,
soy mujer,
soy persona.
Me voy porque esta vez me di cuenta
que yo también quiero otra opción
que no sea amarte a ti.
Ya no quiero,
ya no tengo ganas de amarte.
No quiero ser opción.

Volar

Me aburre seguir persiguiéndote,
hoy tengo sueños más grandes.

Realidades

Cuando
hay amor
no hay
opción.

Vida

¿Qué pasa
cuando
a quien consideras
el amor de tu vida
de tus sueños
de tu corazón
no te considera
el suyo?

Mentiras

Quiero que exista
un mundo que no te tenga.
(No lo quiero
en realidad
pero sé
que estaría
más aliviada).

Cambios

Me sorprende lo fácil
que es desprenderse de alguien
que alguna vez
lo significó todo.
Hoy ya no soy esa.
Hoy cambié.
Ya sé nadar.

año viejo

El futuro es incierto
y las promesas son falsas ilusiones.

ganar

Sé que soy capaz
de amar
y es por eso
que mi alma
está satisfecha
(aún tengo tanto amor
para dar).

encasillar

¿Por qué catalogamos a la gente
por lo que le gusta
y por lo que no?
¿Eso nos hace pensar
que si no tienen los mismos intereses que
nosotros
no nos podrán aportar nada?
¿No es eso una contrariedad?
Entre menos se nos parezca alguien
más posibilidades hay
de que nos aporten algo de su conocimiento
y viceversa.

incongruencias

Tantos seres humanos
en este planeta
y aún así
la gente se muere
por estar sola.

espero

Si no me llamas hoy,
espero sea por miedo
y no porque tienes a alguien más.

lecciones

Tengo que aprender
a poner límites
tengo que aprender
a soltar
lo que no quiere
ser guardado.

tu turno

Te voy a querer
por los siglos de los siglos
pero
tengo que ponerte límites,
quisiera amarte incondicionalmente
pero estoy cansada
de vaciarme constantemente
sin tener nada que me llene.
Tengo la mala suerte
de amar a alguien egoísta.
Si me quieres,
te toca luchar por mí.

Sin título 23

Quiero rellenar los espacios,
dejar completos los huecos.
Ser alguien
sin darle entrada
a quien no me hace bien.

n u n c a

Me deshago con tu ausencia.
Me vacía el no tenerte.
¿De qué sirve esta vida
si no puedes compartirla
con quien amas?
Cuídate,
por favor.
Sólo quiero que estés bien.

Explíquenme

¿Cómo irme de todo aquello que me gusta
pero hasta cierto punto me llega a lastimar?
Me gusta que me guste
pero no me gusta no gustarle.
Me gusta egoístamente
y no disfruto que sea así.

¿Nosotros?

¿Nuestra historia?
Diría yo que es una de las más bonitas,
y a la vez la historia más horrible que
conozco.

8 años

Voy hacia tu casa
han pasado ocho años
desde que te conocí,
¿cómo es que sigues aquí?
Uno nunca se queda
con su primer amor
dicen.
Me aterra lo verdadera
que puede ser esa frase
porque tu fuiste
mi primer todo
mi primer hogar
me muero del miedo
de saber que me tengo
que alejar de lo que eres.
¿Cómo?
¿cómo si ya estás clavado?
Siempre eres tú
quien sabe cómo alejarse.
¿Me extrañarás?
Porque la última vez
que me fui
regresé a ti
pero ya me habías encontrado
reemplazo.

máscaras

Me olvidé de mí,
me dejé de conocer
para convertirme en ti.
Te llevo de tatuaje en la pupila
por si un día
se me quiere resbalar
tu recuerdo.

No quiero que sepas

A. me desarma
A. me vuelve loca.
A. me hace olvidar
todo lo malo cuando está cerca mío.
¿Cómo odiarlo?
No puedo,
no puedo no amarlo.
¿Cómo hacerle entender
que lo amo incondicionalmente?
¿Será que no quiere ser amado?
Si tan sólo supiera
que he dado tanto por estar con él.
Ojalá amarlo no me desgastara tanto.

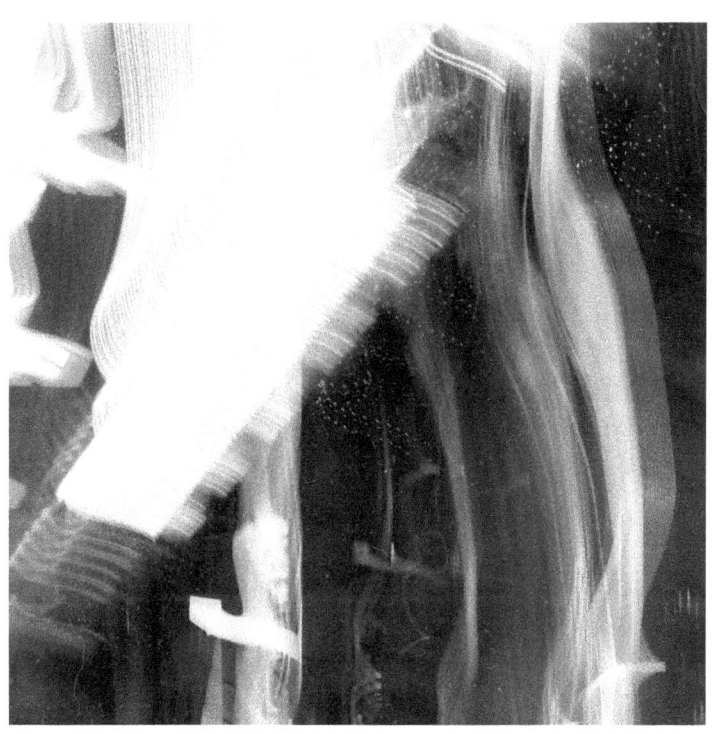

explicaciones

¿Por qué tengo que explicarle
al mundo
lo tanto que te quiero?
(O tal vez lo tanto que te quise).
Deja de ser momento
y conviértete en lo eterno.

febrero

No puedo dejar de llorarte
te tengo que dejar
me tengo que alejar
me estoy volviendo
la peor de las egoístas.
Me duele tanto.
Hoy supe que te perdí,
igual para siempre.
De nada me sirve quedarme,
me tengo que ir,
un año
o dos
o una vida
aunque eso implique
jamás saber de ti.
Soy una mujer libre
pero estando cerca quiero ser tuya
y ya no puedo permitirme eso.
Déjame ser fuerte,
déjame ser yo.
No me aceptaste entera.
De qué me sirve tanto amor
si no lo quieres.

insuficiencia

¿De qué sirve
todo lo que hago
si no soy digna de amor?
¿Amaré en vano?

cómo

¿Cómo ser sincero todo el rato?
Es imposible,
es imposible no actuar.
Todo el tiempo
estamos ocultándonos
detrás de máscaras.
Es imposible ser uno mismo
cuando somos seres
tan contradictorios.
Ni siquiera el que jura
saber lo que quiere
está en lo correcto.
¿Cómo estarlo?

Incompleta

No quiero ser otra cosa
que dejen a medias.
Quiero ser arte,
quiero hacer arte.

Una parte de mí

Soy una,
¿por qué los demás
no entienden
que soy un individuo?
No soy mi familia,
no soy mis amigos,
no soy la persona a la que amo,
soy yo.
¿Por qué les cuesta tanto trabajo
reconocerme?
¿¡Por qué tengo que dar explicaciones
cuando no quiero!?
Se supone que es mía,
esta vida.

Sanidad

insane
insana
no-sana
=loca

porvenir

¿Cómo es que se puede amar así?
¿Cómo,
aún cuando conoces
los demonios de alguien,
lo amas de sobremanera?
Te quise tanto,
aún te quiero,
sé que me quieres,
sé que tienes miedo
pero no intento poseerte,
ya no.

no te puedo extrañar para siempre

Conocí tus demonios
y aún así te quise.

Éxito

Leí que la clave del éxito
consiste en insistir,
pero
¿hasta qué punto
uno debe dejar
de intentar?

Pequeñez

Hoy estaba viendo una ventana
porque me sentía triste
y me di cuenta que estaba sucia
de repente pensé en las partículas de polvo
que forraban su superficie.
Y vino a mi cabeza una simple palabra:
pequeñez.
Pequeño, diminuto,
chico, chiquito,
pequeñito...
pequeñez.
¿Cuántas veces en la vida
nos sentimos así?
¿pequeños?
Una partícula más
en este inmenso universo.
Somos mínimos,
somos una nada
convertida en un algo pequeño.
¿Cuánta pequeñez nos forma
a nosotros los seres humanos?
¿Cuántos pedazos pequeños
llevamos cargando en la piel?
Pequeñez...
Miles de veces me he sentido así:
mínima.

Hoy quiero contar los cachitos
que me conforman,
me quiero dividir en fragmentos
y después unirme
y sentirme entera.
¿Cuánto falta para darle entrada
a la entereza
y dejar salir la pequeñez?
Yo pequeña,
me gusta más yo entera.
Y la historia continúa...

Estancada

¿Habrá lugar entre
nunca y
siempre?

Inicios

La poesía termina
donde se está estableciendo
que comienza.

Otra cosa más que esto

Quiero escribir hasta que no quede más
de lo que soy.
Quiero volverme eterna,
quiero ser palabra,
quiero ser canción,
quiero ser dibujo,
quiero ser fotografía,
quiero ser baile,
quiero ser.
Quiero ser arte
y que los demás vean más allá
de esta piel que me cubre el alma.
Quiero mostrar mi infinito universo
lleno de ideas.
Sé que me sentiré vulnerable
y no sé qué tanto pueda aguantar,
pero aún así lo deseo.

Encontrarme

Ojalá me llenaran
las miradas de la gente.
Ojalá me llenara
el gato en mis pies,
el cigarro en la mañana,
el té de la tarde,
la luna de la noche.
Ojalá me llenaran
los abrazos de los amigos,
de la familia
de los que acabo de conocer.
Ojalá me llenaran
las fiestas,
las plazas,
el alcohol,
las drogas.
Ojalá me llenaran
esas personas que me quieren,
esas personas que me admiran.
Ojalá me llenara
la comida,
el aire,
el sol.
Pero si no estoy yo,
seguiré con el vacío de tenerme.

Ya no

Eres una canción
perfectamente compuesta
pero que no tengo ganas de escuchar.

Típico

Siempre termino
donde prometí que no terminaría.

Escrito a ciegas

¿Cómo le hago para dejar de saber
todo lo que hoy sé?
¿Se puede dejar de saber lo que uno ya
sabe?
A veces quisiera hacerme la sorda,
no pensar,
no ser,
no estar,
no mirar,
No veo lo que escribo,
todo es tan confuso.
Quiero vomitarlo todo,
no quiero saber,
no quiero estar,
no quiero mirar.
Ya no basta con esto,
ya no basta con nada
para que me mantenga libre y serena,
libre y tranquila.
Lo único que he pedido todo este tiempo
es no saber más de lo que ya sé
porque duele,
porque tengo miedo.
Tengo miedo de salir de esta casa,
de este cuerpo.
¿Qué pasaría si me matan?
¿Cómo afectaría a mi entorno?

Estoy harta de las redes sociales,
estoy harta de este sentimiento
que venimos cargando los seres humanos,
de querer ser reconocidos,
de querer ser escuchados,
como si no supiéramos que somos
animales,
que vinimos con la misma función
que todos los seres vivos:
nacer, crecer, reproducirnos y morirnos.
Pero heme aquí,
escribiendo.
Intentando saber algo más
que sólo esto que me han dado hoy,
quisiera hacerme la sorda,
la ciega, la tonta.
Así sería feliz,
pero no,
hoy tengo pesadillas
que me carcomen el corazón,
el alma,
la mente.
Me he olvidado de quién he sido
todos estos años.
No me encuentro,
no me siento feliz donde hoy estoy.
Quiero escapar,
quiero alejarme.
Repetiré
Déjenme vivir,

déjenme ser,
¡Estoy desesperada!
¡Estoy harta!
No dejan de gritarme que despierte
cuando yo quiero dormir,
quiero soñar,
quiero divagar en el abismo
y no me dejan,
me jalan,
me dicen que vuelva.
Me dicen que esta es mi vida
cuando no quiero esta vida,
no quiero este cuerpo,
no quiero esta mente
que sabe cosas que no quisiera saber hoy,
quisiera que fuese ayer
para no saber lo que hoy sé.
Por favor,
déjenme dormir,
déjenme tranquila.
Déjenme encontrar el camino sola,
no me digan ya qué hacer.
Ya no quiero,
estoy cansada.
Ya
no
quiero
seguir
escuchando

lo
que
tienen
que
decir.
¡Déjenme vivir!
Hoy no,
mañana tampoco,
me voy.
Me despido.
No existo.
Hasta pronto.
Hasta nunca.

presente

Ojalá ese futuro que planeamos todos los días
fuese hoy.

Esta que no soy yo

Ya no soy quien conociste
hace unos años
ya no soy esa niña
que no sabía nadar
esa niña que no sabía hablar
hoy soy un ser humano
hoy soy mujer
hoy soy persona
hoy soy alguien
hoy simplemente soy.
Ya crecí
pero sigo teniendo hambre
de aprender
de seguir
de vivir.
Quiero ser más.

Lightning Source UK Ltd.
Milton Keynes UK
UKHW020225081019

351185UK00008B/513/P